# Word Finder For Kids

solve clever clues and hunt for hidden words in
more than 40 mind-bending puzzles

Welcome to **Word Finder For Kids** book ! the word search

-which is essentially a game of hide-and-seek with letters- is a great puzzle. Word searches can be simple to do, but they are more satisfying if there is a twist or two added.In this book, you'll find some basic searches, but a lot of the puzzles also have an added element of fun !

A basic word search has a list of words and a letter grid, Your job is to locate all the listed words, which are hidden in the grid. Easy, right? not always! look at the sample puzzle. it shows that the words can be hiding in several different directions. words can overlap each other, too.

# Colors

```
E  Y  R  A  D  N  O  C  E  S
S  A  U  Q  A  R  F  W  S  L
D  A  L  G  R  K  E  V  H  K
O  Q  H  C  W  U  M  I  A  E
T  O  Y  Y  Z  T  E  T  M  W
A  N  L  X  N  B  R  N  R  L
M  I  S  W  L  H  A  W  O  P
O  F  A  M  T  K  L  Q  C  G
T  O  L  I  V  E  D  O  K  X
C  G  Y  N  A  G  O  H  A  M
```

# List of words :

- aqua
- mahogany
- secondary
- tomato
- emerald
- olive
- shamrock
- turquoise

# Weather

| | | | | | | | | | | |
|---|---|---|---|---|---|---|---|---|---|---|
| M | R | U | R | U | A | V | I | B | H |
| M | Z | F | O | H | C | S | W | M | J |
| G | N | X | P | U | H | A | T | E | X |
| Z | J | C | A | R | R | T | Y | K | G |
| D | P | H | V | N | Y | P | T | P | R |
| A | L | S | I | R | R | A | L | M | A |
| R | K | N | I | T | D | X | W | B | U |
| X | G | A | Y | V | S | O | F | E | P |
| E | F | V | I | E | X | Q | W | B | E |
| N | M | F | J | N | N | O | P | A | L |

# List of words :

altostratus
- dry
- graupel
- vapor

- climatology
- fair
- NEXRAD
- warning

# Water

## List of words :

- drain
- precipitation
- sea
- spring
- icicle
- runoff
- spray
- well

# Geography

| | | | | | | | | | |
|---|---|---|---|---|---|---|---|---|---|
| M | Y | F | D | O | L | I | B | O | F |
| T | O | P | O | G | R | A | P | H | Y |
| K | I | L | O | M | E | T | E | R | S |
| X | T | G | V | N | V | Z | X | D | P |
| A | S | D | P | D | Q | H | Z | T | Q |
| J | E | A | R | S | K | G | I | Z | X |
| O | W | A | L | T | I | T | U | D | E |
| Q | N | M | L | J | L | J | R | Y | E |
| E | U | H | K | E | U | F | D | H | I |
| U | A | B | D | N | E | G | E | L | N |

# List of words :

- altitude
- GPS
- legend
- topography

- cartographer
- kilometers
- title
- west

# House

R E H S A W D B F Y
N R U Y R V R S Z L
S V T B J O B I O J
N I H M O G U O A T
T R D M Z Q P E B R
V M O I J N A R A E
U N A Y N V K D P L
S K W E E G Z N V L
O W D S B P G H H I
P X L N E W E L Y S

## List of words :

- beam
- eaves
- pool
- trellis

- broom
- newel
- siding
- washer

# Computer

| | | | | | | | | | |
|---|---|---|---|---|---|---|---|---|---|
| J | E | R | A | W | T | F | O | S | G |
| E | L | T | I | B | B | A | I | Y | E |
| S | G | M | P | A | G | E | H | B | K |
| A | M | H | T | I | R | O | G | L | A |
| B | H | G | R | E | Q | W | L | C | B |
| A | S | Z | D | B | Y | L | V | Z | Q |
| T | A | K | C | I | T | S | Y | O | J |
| A | L | G | N | I | K | R | U | L | N |
| D | F | K | E | Y | Y | Q | B | P | R |
| D | H | B | Y | Z | V | Q | P | V | Z |

# List of words :

- algorithm
- flash
- key
- page

- database
- joystick
- lurking
- software

# Languages

## List of words :

- Afrikaans
- Icelandic
- Malagasy
- Sami

- French
- Macedonian
- Moldovian
- Slovak

# Shoes

| Z | Z | W | A | N | E | Y | V | X | R |
|---|---|---|---|---|---|---|---|---|---|
| B | I | K | V | C | B | U | Y | S | A |
| O | X | F | O | R | D | S | S | E | W |
| R | O | E | X | A | F | R | N | U | H |
| S | E | H | S | O | L | A | G | G | V |
| B | X | Z | Q | C | V | B | I | O | B |
| X | F | A | U | P | U | B | A | R | I |
| W | A | D | E | R | S | D | J | B | S |
| G | I | S | T | O | O | B | M | U | G |
| V | M | O | C | C | A | S | I | N | S |

# List of words :

- brogues
- gumboots
- Oxfords
- sling-backs
- galoshes
- moccasins
- rollerblades
- waders

# Summer

```
R  A  E  L  J  U  A  G  G  K
E  T  R  F  J  H  F  H  N  N
C  I  O  D  K  L  S  T  I  E
R  Y  H  O  S  L  T  Z  N  E
E  E  S  G  A  A  I  S  T  R
A  C  A  T  N  B  F  C  H  C
T  K  E  B  D  E  L  R  G  S
I  Y  S  C  A  S  I  R  I  N
O  F  Y  B  L  A  N  J  L  U
N  T  I  E  S  B  G  N  C  S
```

# List of words :

- backpacking
- lightning
- sandals
- stifling

- baseball
- recreation
- seashore
- sunscreen

# Tools

| | | | | | | | | | |
|---|---|---|---|---|---|---|---|---|---|
| R | W | V | J | S | Q | K | S | T | K |
| E | Q | E | S | I | V | I | W | W | R |
| K | L | E | E | H | W | J | O | O | O |
| R | W | Q | L | C | Z | H | L | R | F |
| O | C | K | D | D | C | H | L | K | H |
| W | C | U | I | C | F | K | E | B | C |
| D | O | C | Q | S | K | N | B | E | T |
| O | P | Z | R | C | X | S | Z | N | I |
| O | I | T | I | L | L | E | R | C | P |
| W | G | N | A | P | K | B | H | H | V |

# List of words :

- bellows
- pitchfork
- vise
- woodworker
- countersink
- tiller
- wheel
- workbench

# Vacation

| R | M | L | Z | C | S | N | A | S | Z |
|---|---|---|---|---|---|---|---|---|---|
| E | K | J | L | H | T | Y | U | B | B |
| D | T | E | I | K | R | V | T | K | I |
| N | D | T | S | E | V | W | O | L | R |
| A | W | S | N | N | I | A | M | Q | A |
| W | E | E | K | E | N | D | O | X | F |
| W | C | T | A | X | I | S | B | E | A |
| S | V | Q | J | M | W | P | I | G | S |
| L | C | T | C | I | S | J | L | Q | F |
| P | L | T | M | B | U | W | E | X | W |

## List of words :

- automobile
- safari
- swim
- wander
- jet
- scenery
- taxi
- weekend

# cats

# List of words :

- angora
- curl
- jaguar
- shorthair

- cat
- Himalayan
- lynx
- Siamese

# birthday

```
Q V K N R M L Z C Y
V E P R E S E N T E
B T U S U Z T U M C
G A J X B D C D A X
A R B B J I L A H Q
M B A H Z T T I F N
E E S S J J J O H I
S L H I O M O L X C
L E M W Z D N E R H
W C T I C I N G G X
```

## List of words :

- bash
- child
- games
- present
- celebrate
- food
- icing
- wish

# kitchen

| | | | | | | | | | |
|---|---|---|---|---|---|---|---|---|---|
| D | I | S | H | W | A | S | H | E | R |
| F | J | L | X | U | G | T | K | F | B |
| B | Q | M | E | R | R | Y | O | A | K |
| Z | O | O | J | E | A | Y | Q | K | Q |
| E | G | G | C | C | T | K | H | I | A |
| S | J | I | H | U | E | J | P | T | Z |
| T | P | Q | V | A | R | R | Y | C | S |
| E | B | Y | C | S | Q | C | A | H | E |
| R | B | Z | Y | U | K | P | R | E | R |
| O | E | A | F | Z | P | R | T | N | K |

# List of words :

cup      - dishwasher
grater      - kitchen
recipe      - saucer
tray      - zester

# school

```
H  R  W  L  A  L  V  N  D  Z
C  K  H  L  S  V  O  O  U  R
O  E  I  O  S  G  C  T  I  E
M  Y  T  M  I  M  A  E  I  C
P  B  E  Z  G  V  B  B  R  E
A  O  B  B  N  W  U  O  E  S
S  A  O  T  M  G  L  O  P  S
S  R  A  X  E  U  A  K  A  K
Z  D  R  N  N  Z  R  D  P  U
F  Y  D  I  T  L  Y  I  N  P
```

## List of words :

- assignment
- keyboard
- paper
- vocabulary
- compass
- notebook
- recess
- whiteboard

# flowers

| N | D | O | B | Y | N | A | O | T | U |
|---|---|---|---|---|---|---|---|---|---|
| R | E | W | O | L | F | L | L | E | B |
| M | A | Y | F | L | O | W | E | R | E |
| X | C | O | L | U | M | B | I | N | E |
| M | I | M | Z | W | L | U | E | F | N |
| W | K | M | Y | R | T | L | E | X | T |
| G | V | Z | F | S | E | P | A | L | I |
| K | A | R | E | D | N | A | E | L | O |
| K | C | P | R | E | W | O | L | F | W |
| Z | Q | N | A | D | A | I | S | Y | H |

## List of words :

- bellflower
- daisy
- mayflower
- oleander

- columbine
- flower
- myrtle
- sepal

# country

## List of words :

- Afghanistan
- Bulgaria
- Ireland
- Qatar
- Bolivia
- Greece
- Mali
- Sudan

# dogs

# List of words :

- bark
- bullmastiff
- harrier
- samoyed
- briard
- elkhound
- malamute
- weimaraner

# camping

| F | D | F | F | O | C | D | G | T | Q |
|---|---|---|---|---|---|---|---|---|---|
| K | N | T | E | U | C | T | Y | H | C |
| N | A | X | R | T | M | U | S | G | A |
| A | V | W | U | D | S | O | N | I | G |
| P | A | J | T | O | S | G | O | L | T |
| S | R | V | N | O | A | U | O | H | E |
| A | A | O | E | R | P | D | M | S | I |
| C | C | L | V | S | M | T | C | A | K |
| K | L | U | D | O | O | S | F | L | E |
| Z | J | M | A | E | C | C | H | F | I |

## List of words :

- adventure
- compass
- flashlight
- moon

- caravan
- dugout
- knapsack
- outdoors

# boat

```
T E D F U K B E F F
A D J I J E U T F T
O W E B E E L A L O
B I Z M G L K G O W
L N A C Q L H I T B
I D G N D F E R I O
A W F U C A A F L A
S A M D K H D T L T
A R Y Q N B O A A W
O D U I A V V R Y Q
```

# List of words :

- anchor
- flotilla
- keel
- towboat

- bulkhead
- frigate
- sailboat
- windward

# Family

| N | F | R | A | T | E | R | N | A | L |
|---|---|---|---|---|---|---|---|---|---|
| T | N | A | D | N | E | C | S | E | D |
| W | G | E | N | E | A | L | O | G | Y |
| B | R | Z | E | I | A | T | K | Q | X |
| C | J | E | C | X | H | T | I | S | I |
| Z | O | N | R | I | Q | V | N | N | L |
| P | I | Y | O | U | Z | R | F | M | L |
| K | W | W | V | D | J | M | O | R | M |
| F | R | M | I | S | I | J | L | S | Q |
| I | Q | V | D | O | O | N | K | . | U |

## List of words :

- descendant
- fraternal
- kin
- Mrs.
- divorce
- genealogy
- kinfolk
- sisterly

# Spring

# List of words :

- baseball
- May
- polliwog
- slicker

- eggs
- nest
- rebirth
- thaw

# Sports

| | | | | | | | | | |
|---|---|---|---|---|---|---|---|---|---|
| C | U | L | T | D | J | L | X | Q | P |
| T | R | L | L | E | A | G | U | E | H |
| I | O | A | C | E | B | P | X | K | S |
| U | W | B | H | I | R | F | U | Z | F |
| S | E | T | F | P | S | V | B | K | F |
| T | R | N | P | A | D | D | L | E | O |
| E | S | I | B | Y | X | T | B | P | Y |
| W | V | A | W | Z | U | M | G | I | A |
| V | F | P | O | V | Q | U | N | B | L |
| R | M | J | U | Y | C | O | D | L | P |

# List of words :

- league
- paintball
- quarterback
- ultramarathoner
- paddle
- playoffs
- rower
- wetsuit

# Birds

# List of words :

- albatross
- birding
- loon
- warbler

- avifauna
- bowerbird
- rhea
- yellowthroat

# Art

```
M  L  I  C  N  E  P  M  F  A
E  T  T  E  U  Q  A  M  W  N
X  W  A  R  D  L  L  T  G  Z
L  O  W  -  R  E  L  I  E  F
J  S  T  I  P  P  L  I  N  G
P  O  R  C  E  L  A  I  N  E
Q  Y  Y  P  S  K  Y  H  G  A
O  A  V  S  T  U  P  A  O  U
K  B  K  Z  M  L  M  Z  D  O
P  A  P  E  R  I  B  U  K  S
```

## List of words :

- draw
- low-relief
- paper
- porcelain
- image
- maquette
- pencil
- stippling

# Astronomy

```
I  V  V  B  A  K  M  U  N  C
M  D  I  O  T  E  N  A  L  P
G  N  I  L  K  N  I  W  T  X
N  O  I  L  E  H  I  R  E  P
W  C  Q  U  A  S  A  R  A  V
W  R  P  V  M  B  O  X  C  O
T  A  G  H  C  F  X  Z  E  Z
Z  T  P  L  A  J  C  R  Q  H
V  E  C  P  E  R  I  G  E  E
J  R  J  S  T  P  U  F  A  J
```

## List of words :

crater
perigee
planetoid
singularity

- extragalactic
- perihelion
- quasar
- twinkling

# Baseball

| | | | | | | | | | |
|---|---|---|---|---|---|---|---|---|---|
| Y | P | T | F | Q | I | R | B | G | C |
| S | W | I | N | M | B | C | A | L | K |
| L | L | F | C | K | H | M | U | B | D |
| U | B | B | F | L | I | B | X | F | E |
| G | G | Y | P | U | E | N | I | L | R |
| G | S | B | V | A | U | L | T | R | I |
| E | F | H | P | X | F | T | R | H | P |
| R | G | Z | X | N | U | W | O | L | M |
| L | L | A | B | T | F | O | S | X | U |
| S | C | O | R | E | B | O | A | R | D |

# List of words :

- club
- scoreboard
- softball
- vault
- lineup
- slugger
- umpire
- win

# Bathroom

| I | O | I | N | T | M | E | N | T | O |
|---|---|---|---|---|---|---|---|---|---|
| S | R | E | V | A | H | S | Y | Y | F |
| Q | L | O | O | F | A | H | K | Z | C |
| N | X | A | B | W | F | B | A | F | K |
| V | D | O | S | I | R | O | Z | A | R |
| E | R | Y | U | C | D | L | F | R | X |
| R | S | R | G | U | A | E | H | I | A |
| T | D | Z | W | X | I | L | T | U | J |
| A | L | J | V | S | O | J | E | T | B |
| T | K | S | E | G | A | D | N | A | B |

# List of words :

- bandages
- disinfectant
- ointment
- scale

- bidet
- loofah
- razor
- shaver

# Beach

| P | S | N | W | J | E | T | O | B | V |
|---|---|---|---|---|---|---|---|---|---|
| M | J | T | M | B | R | P | R | Y | Z |
| S | E | A | S | N | S | U | A | Q | C |
| K | L | O | Y | L | E | P | F | C | N |
| N | L | B | Y | K | E | T | R | E | C |
| V | Y | L | Z | S | E | S | O | A | L |
| O | F | I | L | R | H | S | S | L | Y |
| X | I | A | T | H | C | A | Y | U | Y |
| B | S | S | T | A | O | B | R | D | M |
| D | H | U | H | H | O | S | A | K | C |

## List of words :

- boat
- jellyfish
- sailboat
- spray
- cape
- mussels
- shark
- yacht

# Fish

# List of words :

- glassfish
- loach
- pollock
- sardine
- jackfish
- marlin
- pompano
- snapper

# Farm

# List of words :

- bison
- farmhouse
- poult
- udder
- farm
- mare
- sow
- weeder

# Food

# List of words :

- citron
- macaroni
- pop
- sole

- crackers
- milk
- slaw
- teriyaki

# Fruit

| S | M | P | T | K | Y | B | J | J | K |
|---|---|---|---|---|---|---|---|---|---|
| S | E | Z | P | Y | R | R | I | V | Y |
| V | G | P | O | R | R | E | L | Z | M |
| M | N | I | D | R | E | A | I | H | K |
| U | A | B | A | E | B | D | D | U | R |
| L | R | X | C | B | W | F | B | Z | H |
| P | O | J | O | N | A | R | Y | Y | X |
| V | E | S | V | A | R | U | I | N | A |
| G | M | Q | A | R | T | I | P | S | B |
| I | W | I | K | C | S | T | U | R | N |

# List of words :

- cranberry
- avocado
- kiwi
- plum

- lingonberry
- breadfruit
- orange
- strawberry

# Furniture

# List of words :

- armchair
- cradle
- dresser
- settee

- armoire
- cupboard
- recliner
- tuffet

# Metals

```
C  H  R  O  M  E  S  X  U  V
V  Y  P  S  Z  S  Q  S  G  R
U  N  N  R  G  I  S  N  H  W
Y  O  R  O  S  A  N  D  N  J
Q  M  R  P  R  Y  G  C  S  G
B  I  F  B  O  I  X  H  T  F
V  T  B  L  Y  P  U  O  E  S
U  N  L  D  U  J  F  C  E  D
R  A  A  C  G  S  S  T  L  A
F  O  E  E  G  I  L  R  L  I
```

# List of words :

- alloy
- brass
- cupronickel
- steel

- antimony
- chrome
- iron
- zinc

# Money

## List of words :

- bankrupt
- buy
- loss
- stocks

- bought
- compound
- market
- wallet

# Ocean

```
G  I  V  H  S  A  L  M  O  N
N  A  C  R  O  W  B  D  T  Y
I  S  V  R  N  Y  M  O  A  V
E  N  O  L  A  B  A  J  S  E
W  O  R  M  S  S  A  B  T  H
M  A  N  -  O  '  -  W  A  R
S  U  L  I  T  U  A  N  W  E
N  R  L  N  R  L  A  G  P  Y
Z  H  Q  E  N  R  A  E  I  D
L  B  T  Y  F  R  C  J  I  H
```

## List of words :

- abalone
- gar
- nautilus
- salmon

- bass
- man-o'-war
- orca
- worms

# Plants

# List of words :

- bulbel
- grow
- seedling
- tree
- grain
- seed
- shamrock
- xylem

# Pronouns

| V | V | O | H | I | M | S | E | L | F |
|---|---|---|---|---|---|---|---|---|---|
| Y | Y | D | O | B | E | M | O | S | H |
| I | D | R | I | X | N | Q | I | T | X |
| R | G | O | S | B | L | Y | Q | P | T |
| U | N | O | B | R | F | E | W | K | O |
| O | U | K | T | Y | E | S | A | H | T |
| R | I | O | U | A | R | H | Y | K | H |
| R | L | W | E | R | Q | E | T | U | E |
| Q | J | H | K | Y | Z | E | V | O | R |
| X | D | P | E | Q | Q | A | B | E | I |

## List of words :

- everybody
- himself
- others
- somebody
- few
- other
- our
- we

# Sewing

## List of words :

- design
- knit
- smocking
- yarn
- iron
- needle
- styling
- zig-zag

# Science

# List of words :

- atom
- data
- entomology
- scale
- cell
- energy
- measure
- volcanology

# Shapes

## List of words :

- arc
- line
- parallelogram
- shapeless
- dot
- parallelepiped
- ray
- symmetry

# Rooms

| P | Y | R | T | N | A | P | E | Z | V |
|---|---|---|---|---|---|---|---|---|---|
| B | O | A | R | D | R | O | O | M | C |
| Y | Q | B | M | Q | A | F | H | W | W |
| Q | R | K | Z | T | Y | W | C | E | O |
| P | N | T | T | N | D | G | U | N | R |
| T | Q | I | N | Z | U | L | B | F | K |
| P | C | Y | T | E | T | O | B | Z | R |
| V | F | S | Y | L | S | B | Y | J | O |
| N | Z | Z | C | Z | A | B | D | R | O |
| C | I | Z | P | C | Q | Y | J | K | M |

## List of words :

- attic
- cubby
- lobby
- study

- boardroom
- entry
- pantry
- workroom

# Solutions

# Colors

## List of words :

- aqua
- mahogany
- secondary
- tomato
- emerald
- olive
- shamrock
- turquoise

# Weather

# List of words :

altostratus

dry

graupel

vapor

- climatology

- fair

- NEXRAD

- warning

# Water

## List of words :

- drain
- precipitation
- sea
- spring
- icicle
- runoff
- spray
- well

# Geography

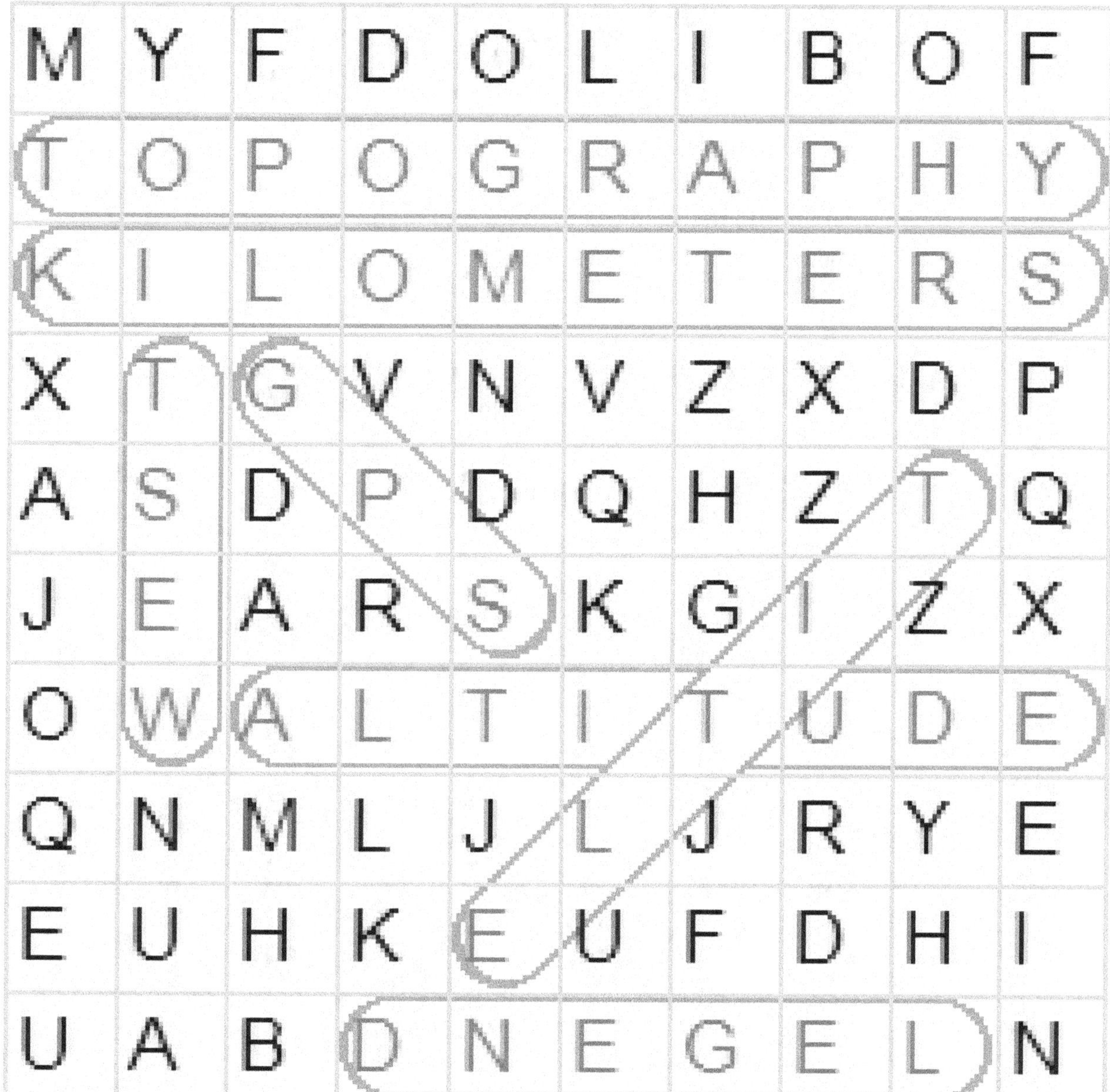



## List of words :

- altitude
- GPS
- legend
- topography

- cartographer
- kilometers
- title
- west

# House

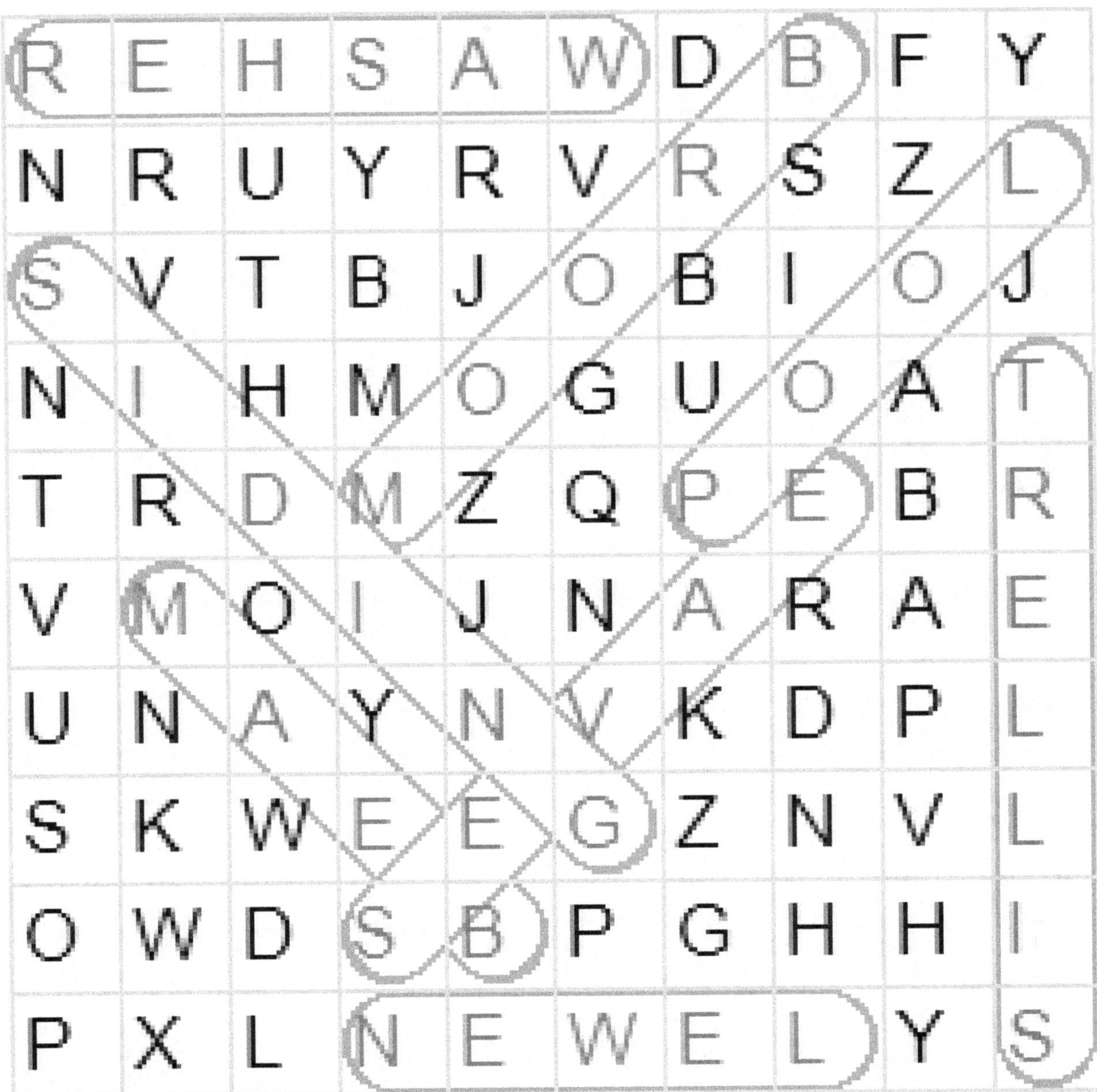



# List of words :

- beam
- eaves
- pool
- trellis
- broom
- newel
- siding
- washer

# Computer

# List of words :

- algorithm
- flash
- key
- page

- database
- joystick
- lurking
- software

# Languages

# List of words :

- Afrikaans
- Icelandic
- Malagasy
- Sami
- French
- Macedonian
- Moldovian
- Slovak

# Shoes

# List of words :

- brogues
- gumboots
- Oxfords
- sling-backs
- galoshes
- moccasins
- rollerblades
- waders

# Summer

## List of words :

- backpacking
- lightning
- sandals
- stifling
- baseball
- recreation
- seashore
- sunscreen

# Tools

# List of words :

- bellows
- pitchfork
- vise
- woodworker

- countersink
- tiller
- wheel
- workbench

# Vacation

# List of words :

- automobile
- safari
- swim
- wander
- jet
- scenery
- taxi
- weekend

# cats

## List of words :

- angora
- curl
- jaguar
- shorthair
- cat
- Himalayan
- lynx
- Siamese

# birthday

## List of words :

- bash
- child
- games
- present
- celebrate
- food
- icing
- wish

# kitchen

# List of words :

- cup
- grater
- recipe
- tray
- dishwasher
- kitchen
- saucer
- zester

# school

## List of words :

- assignment
- keyboard
- paper
- vocabulary
- compass
- notebook
- recess
- whiteboard

# flowers

# List of words :

- bellflower
- daisy
- mayflower
- oleander

- columbine
- flower
- myrtle
- sepal

# country

## List of words :

- Afghanistan
- Bulgaria
- Ireland
- Qatar
- Bolivia
- Greece
- Mali
- Sudan

# dogs

# List of words :

bark
bullmastiff
harrier
samoyed

- briard
- elkhound
- malamute
- weimaraner

# camping

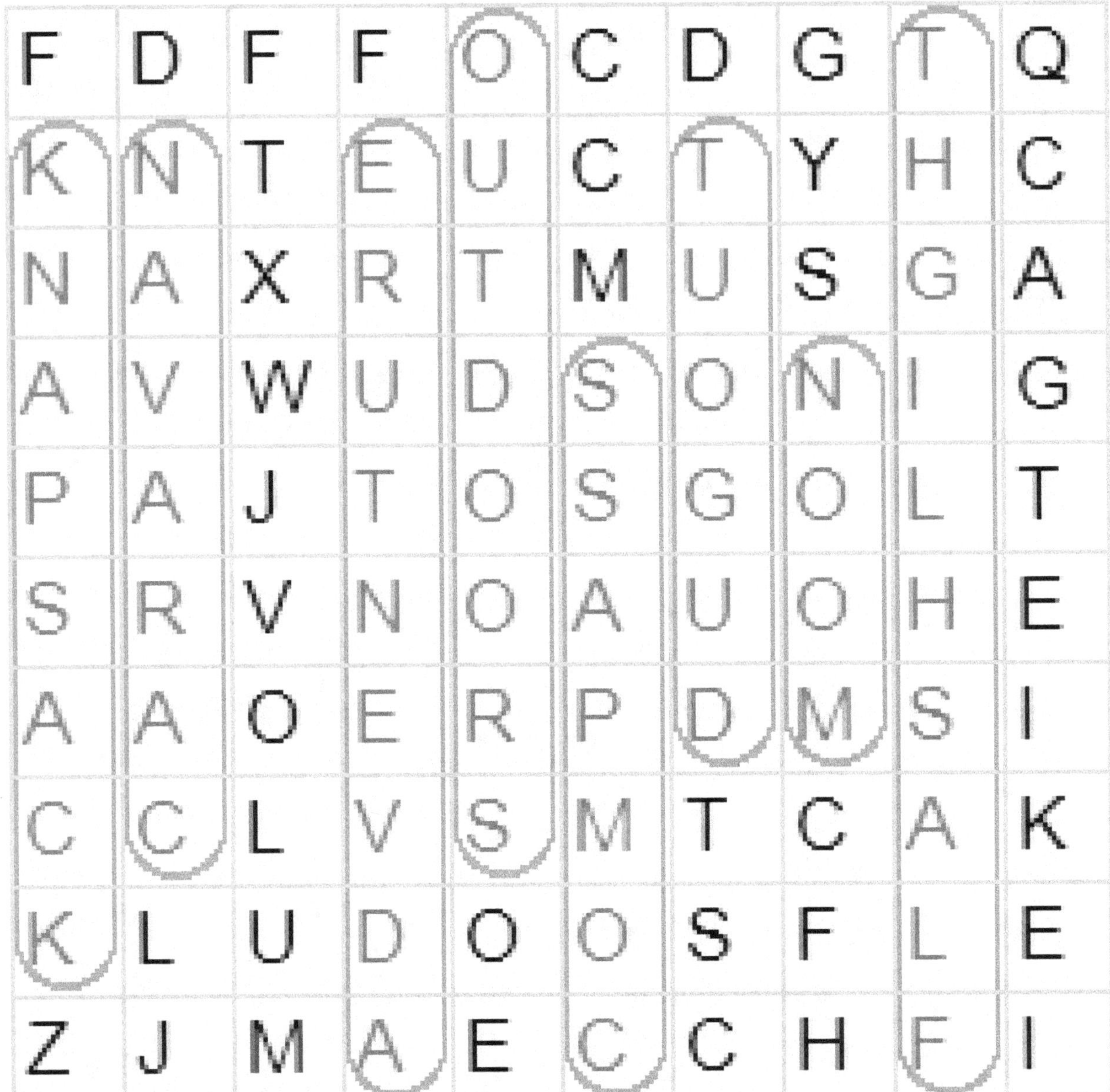

## List of words :

- adventure
- compass
- flashlight
- moon
- caravan
- dugout
- knapsack
- outdoors

# boat

## List of words :

- anchor
- flotilla
- keel
- towboat
- bulkhead
- frigate
- sailboat
- windward

# Family

## List of words :

- descendant
- fraternal
- kin
- Mrs.
- divorce
- genealogy
- kinfolk
- sisterly

# Spring

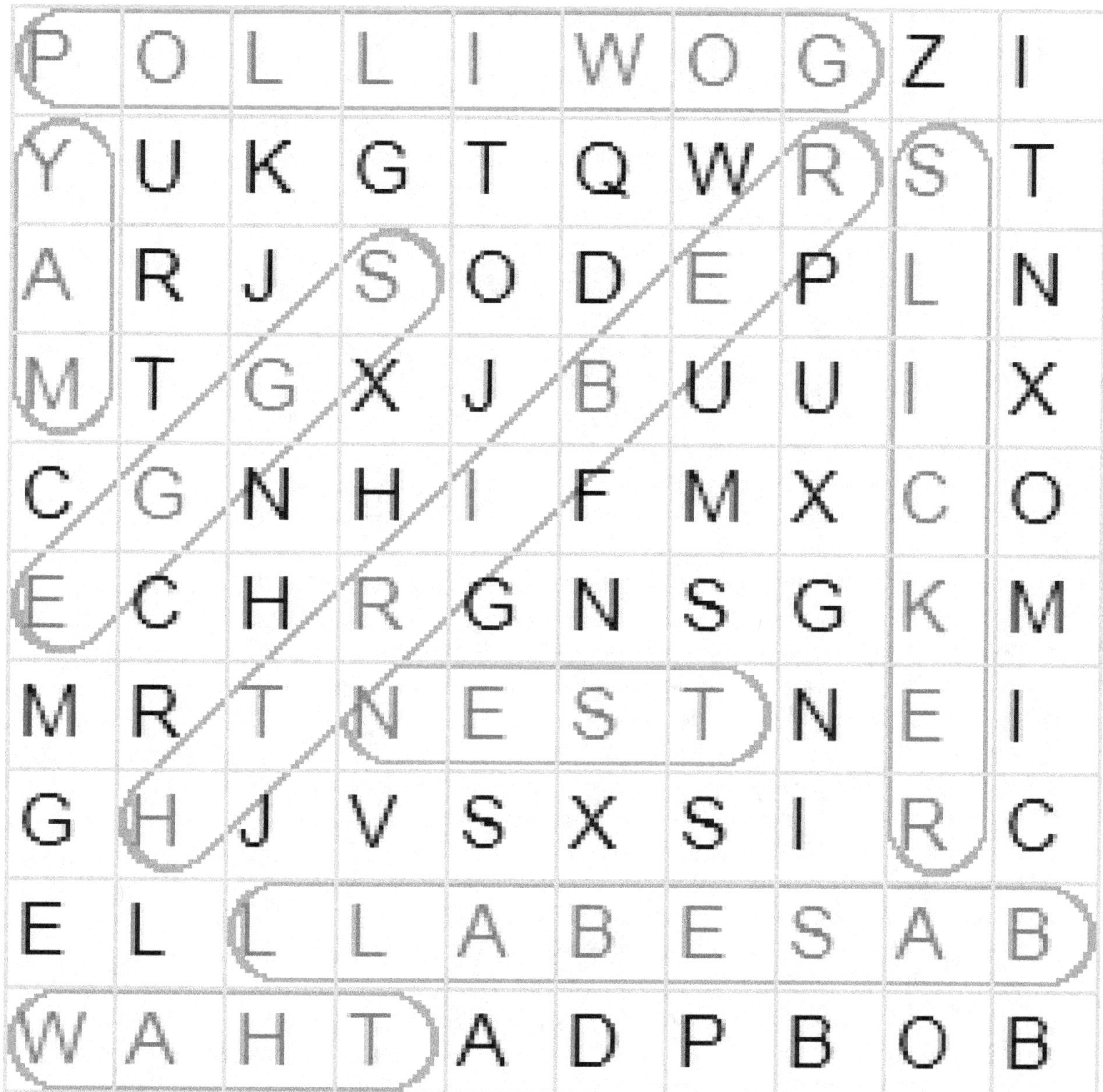

# List of words :

baseball          - eggs
May               - nest
polliwog          - rebirth
slicker           - thaw

# Sports

# List of words :

- league
- paintball
- quarterback
- ultramarathoner
- paddle
- playoffs
- rower
- wetsuit

# Birds

# List of words :

- albatross
- birding
- loon
- warbler
- avifauna
- bowerbird
- rhea
- yellowthroat

# Art

## List of words :

- draw
- low-relief
- paper
- porcelain
- image
- maquette
- pencil
- stippling

# Astronomy

# List of words :

| | |
|---|---|
| crater | - extragalactic |
| perigee | - perihelion |
| planetoid | - quasar |
| singularity | - twinkling |

# Baseball

## List of words :

- club
- scoreboard
- softball
- vault
- lineup
- slugger
- umpire
- win

# Bathroom

# List of words :

- bandages
- disinfectant
- ointment
- scale

- bidet
- loofah
- razor
- shaver

# Beach

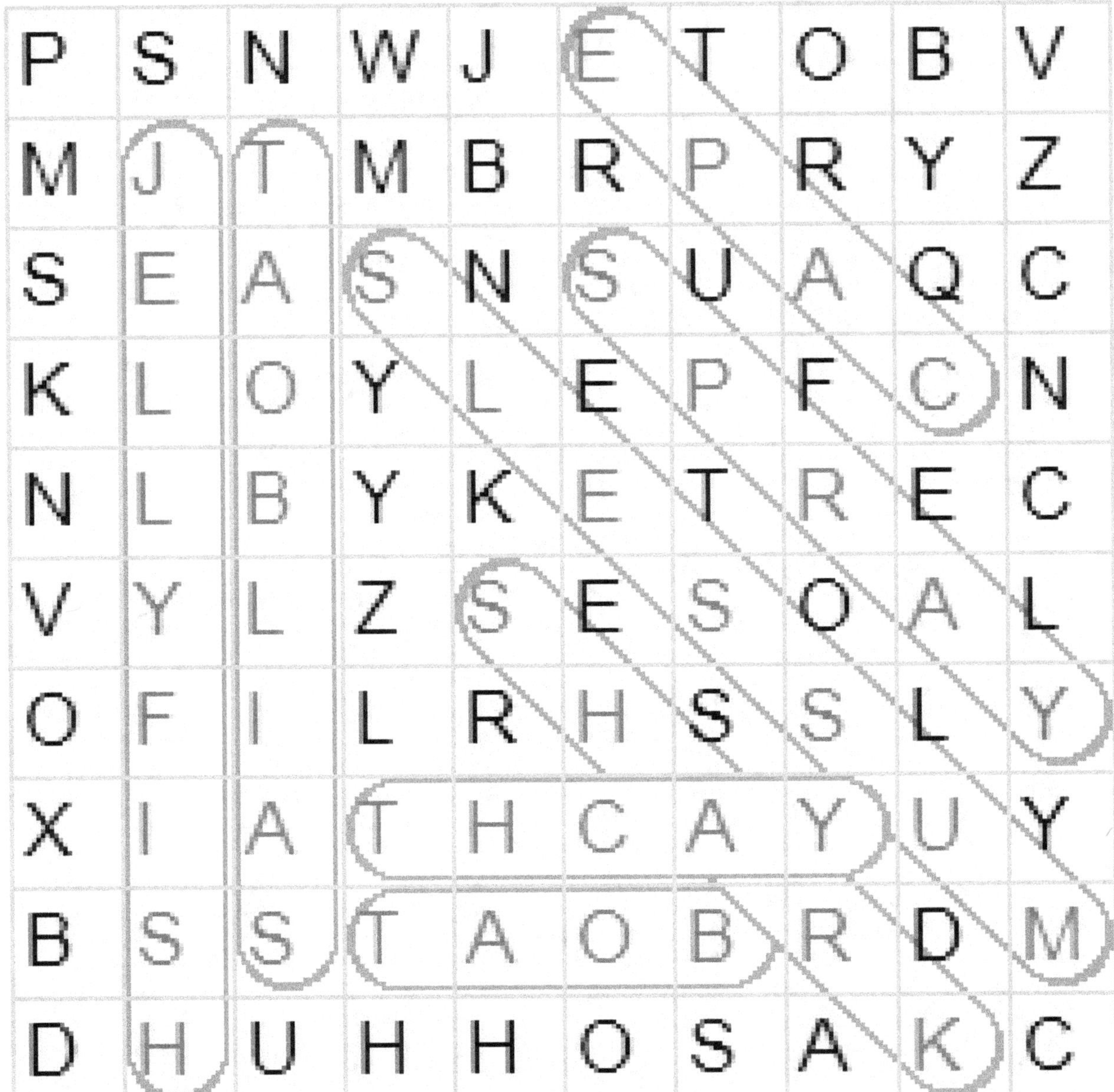

# List of words :

- boat
- jellyfish
- sailboat
- spray
- cape
- mussels
- shark
- yacht

# Fish

# List of words :

- glassfish
- loach
- pollock
- sardine
- jackfish
- marlin
- pompano
- snapper

# Farm

## List of words :

- bison
- farmhouse
- poult
- udder
- farm
- mare
- sow
- weeder

# Food

# List of words :

- citron
- macaroni
- pop
- sole

- crackers
- milk
- slaw
- teriyaki

# Fruit

## List of words :

- cranberry
- avocado
- kiwi
- plum
- lingonberry
- breadfruit
- orange
- strawberry

# Furniture

# List of words :

armchair            - armoire
cradle              - cupboard
dresser             - recliner
settee              - tuffet

# Metals

# List of words :

- alloy
- brass
- cupronickel
- steel
- antimony
- chrome
- iron
- zinc

# Money

# List of words :

- bankrupt
- buy
- loss
- stocks
- bought
- compound
- market
- wallet

# Ocean

# List of words :

- abalone
- gar
- nautilus
- salmon

- bass
- man-o'-war
- orca
- worms

# Plants

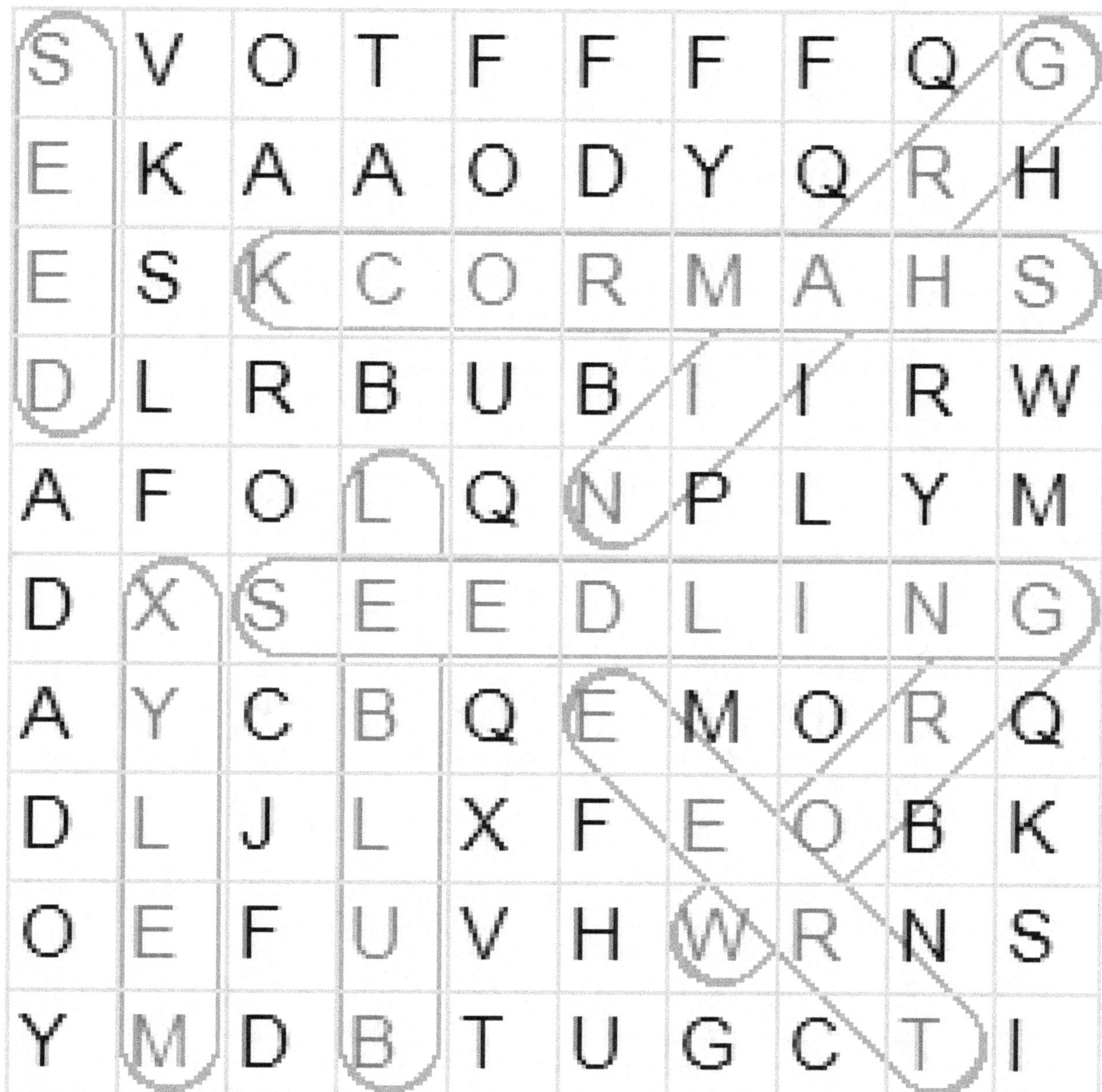

# List of words :

bulbel        - grain
grow          - seed
seedling     - shamrock
tree           - xylem

# Pronouns

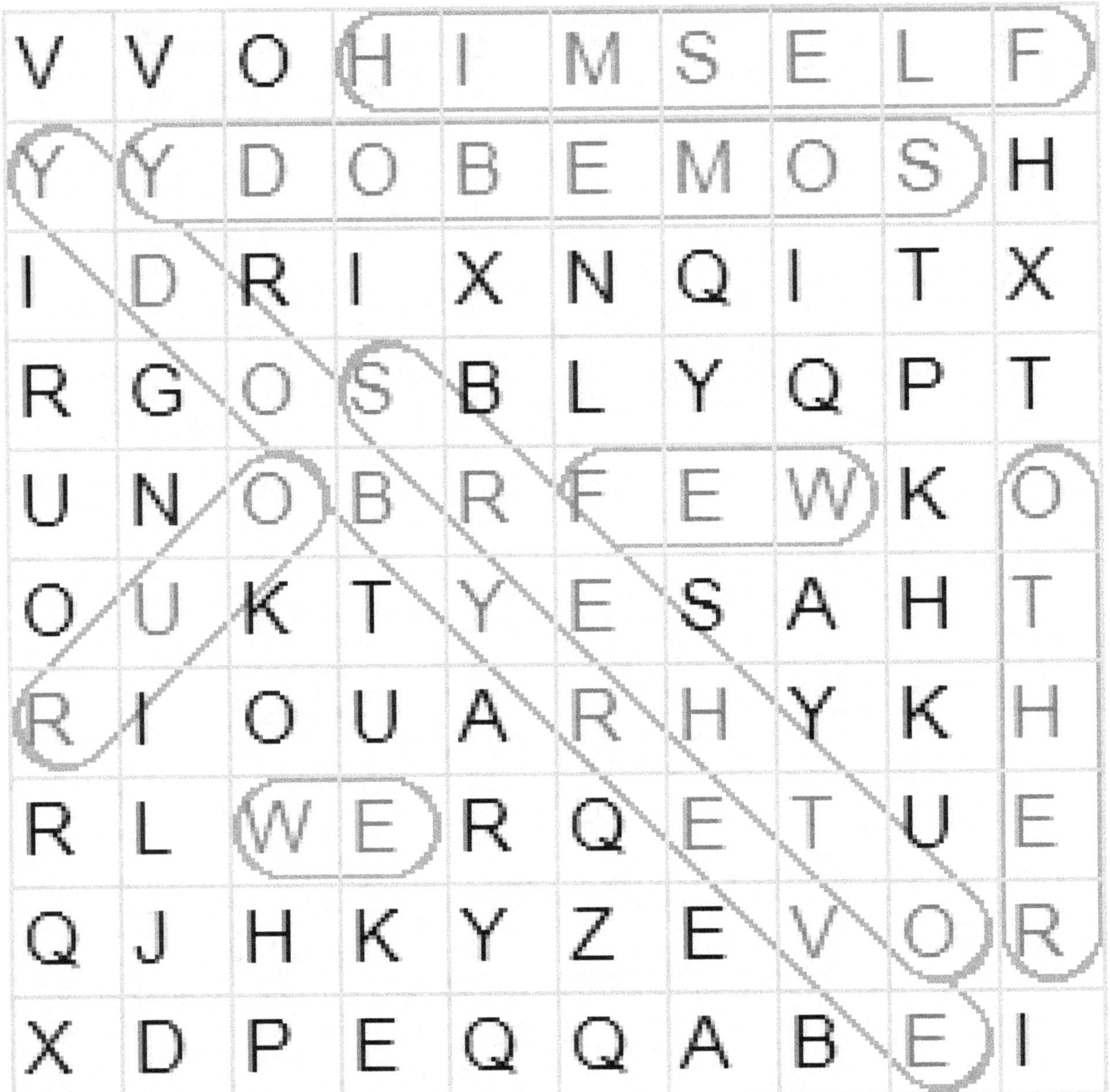

## List of words :

- everybody
- himself
- others
- somebody
- few
- other
- our
- we

# Sewing

# List of words :

- design
- knit
- smocking
- yarn

- iron
- needle
- styling
- zig-zag

# Science

# List of words :

- atom
- data
- entomology
- scale
- cell
- energy
- measure
- volcanology

# Shapes

# List of words :

arc
line
parallelogram
shapeless

- dot
- parallelepiped
- ray
- symmetry

# Rooms

# List of words :

- attic
- cubby
- lobby
- study

- boardroom
- entry
- pantry
- workroom